Das Haus zum Zuhause machen

machen

Edgar A. Gast

Writat

Diese Ausgabe erschien im Jahr 2023

ISBN: 9789359250670

Herausgegeben von
Writat
E-Mail: info@writat.com

Das Haus zum Zuhause machen

Wir bauen seit fünfzehn Jahren ein Haus, aber jetzt sieht es so aus, als ob es erst in vielen Jahren fertig sein wird. Das liegt nicht daran, dass die Auftragnehmer langsam sind, die Materialien knapp sind oder dass wir unsere Meinung ständig ändern. Es liegt vielmehr daran, dass der Bau eines Hauses Jahre dauert, während ein Haus in wenigen Monaten gebaut werden kann.

Mutter und ich begannen am 28. Juni 1906 mit dem Hausbau. Ich war fünfundzwanzig Jahre alt; und sie – nun, für die Zwecke dieser Aufzeichnung reicht es aus zu sagen, dass sie ein paar Jahre jünger war. Ich beendete gerade meine Karriere als Polizeireporter für die Detroiter „Free Press", als wir heirateten. Bis ein paar Monate vor unserer Hochzeit waren meine Arbeitszeiten von drei Uhr nachmittags bis drei Uhr morgens, jeden Tag der Woche außer Freitag. Das sind keine angemessenen Arbeitszeiten für einen verheirateten Mann – insbesondere für einen jungen verheirateten Mann. Daher war es für mich ein Glücksfall, dass mein leitender Redakteur meinte, ich hätte Möglichkeiten als Sonderautor, und mich vom Nachtdienst entbunden hat.

Dann begannen wir mit der Planung des Hauses, das wir bauen sollten. Es sollte eine Halle der Zufriedenheit und ein bleibender Ort der Freude und Schönheit sein. Und das alles mit dem großartigen Gehalt von 28 Dollar pro Woche. Diese Summe klingt jetzt nicht nach viel, aber für uns war es im Januar 1906 die Unabhängigkeit. Der Grundstein für unser erstes Zuhause betrug etwas weniger als fünfhundert Dollar, woraus auch die Extravaganz einer zweiwöchigen Hochzeitsreise resultierte.

Zum Glück für uns alle verbreitet das Leben seine traurigen Nachrichten nicht im Voraus. Träume sind frei, und junge Leute können in ihren Höhenflügen so extravagant sein, wie sie möchten. Vielleicht stehen uns Brüche und Prüfungen bevor, Tage der Entmutigung und Verzweiflung, aber das Leben sagt uns nichts darüber, was unsere Träume verderben könnte.

Wir wussten, welche Art von Zuhause wir wollten, waren aber bereit, bescheiden anzufangen. Das lag nicht daran, dass wir davor zurückschreckten, ganz oben anzufangen. Sowohl meine Mutter als auch ich hatten damals und heute eine Vorliebe für die besten Dinge des Lebens. Einen Flügel, eine selbstgebaute Eisbox, einen Diener und ein Auto hätten wir uns auf Anhieb gewünscht! Aber weniger als fünfhundert Dollar Kapital und achtundzwanzig Dollar pro Woche Gehalt reichen dafür nicht aus.

Was wir haben *könnten* , wäre eine gemütliche Wohnung und ein paar schöne Möbel. Wir bezahlten alles, was wir konnten, bar und kauften den Rest der notwendigen Dinge pünktlich. Wir hatten eine wunderschöne, brandneue Wohnung gefunden, die wir für 25 Dollar im Monat mieten konnten. Es hatte Hartholzböden, Dampfheizung, zwei große Schlafzimmer, ein schönes Wohnzimmer mit einem Gasgrill, einen Warmwasserbereiter für das Bad und alles, was modern und praktisch war. Heute würde der Vermieter neunzig Dollar pro Monat für diese Wohnung verlangen und Ihnen sagen, dass er dabei Geld verliert.

Wenn wir die Miete bezahlt haben, sollten wir noch 87 Dollar pro Monat zum Leben übrig haben. Die Lebensmittelrechnung betrug damals nicht mehr als zwanzig Dollar im Monat; Telefon, Gas und elektrisches Licht würden zehn Dollar im Monat nicht überschreiten; Der Milchmann und der Zeitungsjunge brauchten nur wenig, und im Winter würde eine Tonne Kohle pro Monat ausreichen. Oh, wir sollten viel Geld haben und könnten es uns problemlos leisten, zwanzig Dollar im Monat für die Finanzierung der notwendigen Möbel bereitzustellen.

Es wird auffallen, dass in unserem Träumen kein Arzt, kein Zahnarzt, keine Ausgaben aus unerwarteten Quellen auftauchten. Kein einziger Geldeintreiber rief an der Eingangstür unseres Traumschlosses an und verlangte Geld, das wir nicht hatten.

Wenn ältere und weisere Köpfe die Möglichkeit einer Gefahr vermuteten, brachten wir unsere Pläne auf Papier und fragten sie, woher die Schwierigkeiten kommen könnten. Heute verstehen wir die Tiefe des freundlichen Lächelns, das unsere Proteste immer hervorriefen. Sie ließen die Träumer träumen.

Schließlich wurden die Möbel auf Raten gekauft und die neue Wohnung in Ordnung gebracht. Es erforderte ein paar Möbelstücke mehr, als wir erwartet hatten, und die Schulden waren dementsprechend höher; aber das bedeutete nur ein paar Monate mehr, um die Zahlungen zu leisten.

Es waren auch schöne Möbel! Natürlich dient es uns schon lange nicht mehr; Aber niemals auf dieser Welt wird es ein Duplikat dieser Essgruppe geben! Dank der Perfektion der Verarbeitung und des schönen Designs wird uns dieser erste Esstisch aus Eichenholz ein Leben lang in Erinnerung bleiben. Das, was wir jetzt haben, hat mehr gekostet als all das Geld, das wir für all die Möbel ausgegeben haben, mit denen wir angefangen haben, den Haushalt zu führen; und dennoch ist es gemessen an der Freude, die es uns bereitet hat, im Vergleich dazu dürftig.

Und so war es auch mit dem mit grünem Plüsch gepolsterten Mahagonisofa, der Kommode aus abgeschrägtem Glas und den Wohnzimmerstühlen. Wir machten abends Ausflüge zu dieser Wohnung, nur um diese Dinge zu bewundern – unsere Sachen; das erste, das wir je besessen hatten.

Dann kam die Nacht des 27. Juni. Wir hatten uns beide auf die wundervolle Hochzeitsreise die Seen hinauf nach Mackinac Island gefreut, und morgen sollte es losgehen. Aber in diesem Moment wünschten Mutter und ich sicher, wir könnten es abblasen. Es schien so dumm, eine so schöne Wohnung und so schöne Möbel aufzugeben.

Die Hochzeitsreise dauerte zwei Wochen; und eines Tages fand ich Mutter auf Mackinac Island weinend vor.

"Wo ist das Problem?" Ich fragte.

"Ich möchte nach Hause gehen!" Sie sagte. „Ich weiß, dass ich albern und dumm bin, aber ich möchte zu unserem eigenen Haus und zu unseren eigenen Möbeln zurückkehren, unsere Hochzeitsgeschenke ordnen, die Vorhänge aufhängen und das Haviland-Porzellan in den Schrank stellen ! “

Also kamen wir zurück, um ernsthaft mit dem Hausbau zu beginnen.

Die Miete und die Raten für die Möbel wurden wie erwartet regelmäßig fällig. Ebenso die Rechnungen für Gas, Strom, Licht und Telefon. Aber irgendwie stimmten unsere Traumfiguren und die tatsächliche Realität nicht überein. Es gab keinen Monat, in dem von unseren siebenundachtzig Dollar so viel übrig war, wie wir angenommen hatten.

Zum einen wurde ich krank. Das brachte den Arzt ins Haus; und seitdem hatten wir immer mit ihm zu rechnen und uns mit ihm abzufinden. Dann gab es eine Versicherungspolice, um auf dem Laufenden zu bleiben. In unseren Traumtagen war uns die Möglichkeit, dass ich irgendwann sterben würde, nie in den Sinn gekommen; aber jetzt war es eine schreckliche Realität. Und diese vierteljährliche Prämie entwickelte die beunruhigende Angewohnheit, zum ungünstigsten Zeitpunkt fällig zu werden. Gerade als wir dachten, wir müssten mindestens zwanzig Dollar für uns haben, kam der kleine gelbe Zettel herein, der uns darüber informierte, dass die Frist von dreißig Tagen am fünften abgelaufen war.

Aber das eigene Zuhause war noch in unseren Träumen. Wir waren glücklich, aber wir würden noch glücklicher sein. Wenn wir diese Möbelteile jemals loswerden könnten, könnten wir mit dem Sparen für die Art von Zuhause beginnen, die wir wollten.

Dann, eines Abends, flüsterte Mutter die glücklichste Nachricht, die eine Frau jemals ihrem Ehemann erzählt. Wir sollten nicht länger nur für uns selbst leben; Bald sollte es einen anderen geben, der uns enger zusammenbinden und unser Leben mit Freude erfüllen sollte.

Aber – und an manchen Abenden saßen wir stundenlang da und planten, redeten und fragten uns – *wie* sollten wir die Kosten bestreiten? In der Sparkasse gab es nichts, und dort wurde viel gebraucht. Mutter hegte schon seit Jahren Ideen für das Outfit ihres Babys. Sie würden Geld kosten; und ich wäre auch kein geiziger Vater! Mein Kind sollte irgendwie das Beste von allem haben. Es lag an mir, es irgendwie hinzubekommen... Wenn nur diese Möbel bezahlt würden!

Dann ereignete sich ein merkwürdiges Ereignis. Ich schuldete kleine Scheine im Wert von etwa einundzwanzig Dollar. Dieser Betrag umfasste die Gas-, Strom- und Telefonrechnungen, auf die ein zusätzlicher Betrag erhoben wurde, wenn sie nicht vor dem Zehnten des Monats bezahlt wurden. Ich hatte kein Geld, um sie zu treffen. Ich war besorgt und entmutigt. Es wäre leicht gewesen, diesen Betrag zu leihen, aber ihn zurückzuzahlen, wäre schwierig gewesen.

Noch am selben Morgen betrat der Pressevertreter eines örtlichen Theaters das Büro, begleitet von Herrn Henry Dixey, dem bekannten Schauspieler. Herr Dixey wollte zwei Liedtexte. Er hatte die Ideen, die er in Reimen ausgedrückt haben wollte, und fragte sich, ob ich sie versuchen würde oder nicht. Ich versprach ihm, dass ich es tun würde, und auf der Stelle überreichte er mir fünfundzwanzig Dollar in bar, um den Handel zu binden. Wenn diese Songs Erfolg hätten, hätte ich mehr davon haben sollen.

Der Ausweg war bereitgestellt! Aus der Sicht von Herrn Dixey waren diese Lieder kein Erfolg; aber von mir aus waren sie es, denn sie überbrückten mich über einen Abgrund, von dem ich geglaubt hatte, ich könne nicht springen. Von diesem Liederpaar habe ich später nie wieder etwas gehört; Aber weder Mutter noch ich werden jemals den Tag vergessen, an dem sie geschrieben wurden.

Es bedeutete auch mehr als das bloße Bezahlen von Rechnungen. Es lehrte uns, Vertrauen zu haben – Vertrauen in uns selbst und Vertrauen in die Zukunft. Es gibt immer einen Ausweg aus den Schwierigkeiten. Auch wenn wir nicht sehen oder erraten können, wie dieser Weg aussehen soll, wird er bereitgestellt. Seitdem haben wir gemeinsam viele dunkle Tage, schwere Verletzungen und bittere Enttäuschungen durchgemacht, sind aber immer gestärkt aus der Prüfung hervorgegangen.

Die nächsten Monate waren den Vorbereitungen für das Baby gewidmet und unsere finanziellen Rechnungen mussten angepasst werden. Ich musste Wege finden, etwas mehr Geld zu verdienen. Ich war nicht auf der Suche nach viel Geld, aber ich musste mehr haben. Ich musste nur verkaufen, was ich schreiben konnte. Wo gab es einen schnellen Markt für die Waren eines armen Zeitungsmannes ?

Meine Erfahrung mit Mr. Dixey brachte mich auf die Varieté-Bühne. Ich könnte Theaterstücke schreiben, dachte ich. Während meine Mutter abends mit Nähen beschäftigt war, widmete ich mich dem Schreiben. Und endlich war die erste Skizze fertig. Im Temple Theatre war in dieser Woche der beliebte Charakterdarsteller William H. Thompson. Ich zeigte ihm das Manuskript des Sketches mit dem Titel „The Matchmaker“. Herr Thompson hat es am Dienstag entgegengenommen; und am Freitag ließ er mir mitteilen, dass er mich sehen wollte. Ich ging in seine Umkleidekabine und hatte fast Angst, ihm gegenüberzutreten.

„Es ist eine grobe kleine Skizze“, sagte er, während ich auf seinem Koffer saß, „und ich würde sie gerne von Ihnen kaufen. Ich kann nicht so viel bezahlen, wie ich möchte; aber wenn Sie Lust haben, lassen Sie es mich haben." Dafür gebe ich Ihnen zweihundertfünfzig Dollar – einhundertfünfzig Dollar jetzt und die restlichen hundert nächste Woche."

Ich versuchte, gleichgültig zu wirken, aber mein Herz platzte fast vor Aufregung. Damit war die Möbelrechnung so gut wie bezahlt! Und zum ersten Mal seit unserer Hochzeit war Geld auf der Bank! Der Deal kam zustande und ich verließ das Theater mit der größten Geldsumme, die ich je auf einmal verdient hatte. Später sagte mir jemand, dass es dumm sei, diese Skizze für so wenig Geld direkt zu verkaufen.

"Töricht!" sagte ich. „ Diese zweihundertfünfzig Dollar schienen mir größer zu sein als das Versprechen von tausend eines Tages in der Zukunft!"

Wieder einmal war der Ausweg geebnet.

Und dann kam das Baby – ein wunderschönes kleines Mädchen – und das Zuhause begann sich zu lohnen. Die Wände und Flure bekamen einen neuen Charme. Der Eichentisch und das grüne Plüschsofa erstrahlten in neuem Glanz.

Ich war der übliche stolze Vater, mit einigen eigenen Variationen. Eine meiner liebsten Illusionen war, dass niemandem außer Mutter und mir zugetraut werden konnte, unser Kleines zu halten. Wenn andere sie *mitnahmen* , stand ich Wache, um sie aufzufangen, falls sie sie in einem unvorsichtigen Moment fallen ließen.

Als sie älter wurde, bekam ich Fingerabdrücke an meinen Halsbändern, wo ihre kleinen Hände sie berührt hatten. Wir hatten natürlich Bilder an den Wänden, Schmuckstücke auf dem Kaminsims und einen großen Glasspiegel, der eines unserer Hochzeitsgeschenke gewesen war. Diese Dinge waren für uns alltäglich geworden – bis das Baby begann, sie zu bemerken! Nacht für Nacht nahm ich sie in meine Arme, zeigte ihr die Schafe auf einem der Bilder und redete mit ihr darüber, und sie gurrte entzückt. Die Schmuckstücke auf dem Kaminsims wurden uns lieber, weil sie es liebte, damit umzugehen. Das Haus wurde durch ihre Anwesenheit geheiligt. Wir waren in einem neuen Reich des Glücks angekommen.

Aber ein Zuhause kann nicht immer auf Glück gebaut werden. Das sollten wir aus bitterer Erfahrung lernen. Wir hatten weißen Krepp an anderen Türen gesehen, ohne jemals daran zu denken, dass er eines Tages von selbst flattern könnte. Wir hatten Kummer erlebt, ihn aber nie erlitten. Unser Haus hatte viele fröhliche und lächelnde Besucher willkommen geheißen; aber es sollte ein düsterer und finsterer Mensch kommen, dem keine Tür verschlossen werden kann.

Nach dreizehn Monaten vollkommenen Glücks, Planens und Träumens wurde uns das Baby weggenommen.

Der Schlag kam ohne Vorwarnung. An diesem Morgen verließ ich das Haus, während Mutter und das Baby mir vom Fenster aus zum Abschied zuwinkten. Entgegen meiner üblichen Gewohnheit beschloss ich am frühen Nachmittag, früher als üblich nach Hause zu gehen. Ich hatte keinen Grund dafür, abgesehen von einer seltsamen Abneigung, weiter zu arbeiten. Später erinnerte ich mich, dass ich meinen Schreibtisch aufgeräumt und einige Dinge weggeräumt hatte, als ob ich für einige Zeit weggehen würde. Das hatte ich noch nie zuvor getan, und es war auch nichts passiert, was mich denken ließe, dass ich nicht wieder wie gewohnt an meinem Schreibtisch sitzen sollte.

Als ich zu Hause ankam, hatte das Baby leichtes Fieber und Mutter hatte bereits den Arzt gerufen. Er diagnostizierte nur eine leichte Störung. Während des Abendessens dachte ich, dass das Baby nicht so regelmäßig atmete, wie es sein sollte, und rief sofort den Arzt. Ihr Zustand verschlechterte sich rasch und ein zweiter Arzt wurde gerufen; aber es lag nicht in der menschlichen Fähigkeit, sie zu retten. Um elf Uhr in dieser Nacht wurde sie von uns genommen.

Es ist unnötig, hier über die Qual dieser ersten dunklen Zeit nachzudenken, die wir durchgemacht haben. Dass ein solcher Schlag Schönheit auf seinem Weg zurücklassen und unserem Wohnort einen Hauch von Schönheit verleihen konnte, schien damals unglaublich. Doch heute lebt unser erstes Baby immer noch bei uns, so wunderbar wie in diesen glücklichen dreizehn Monaten. Sie ist nicht älter geworden, wie wir es getan haben, sondern lächelt uns wie immer mit ihrem süßen Babylächeln zu. Wir können jetzt mutig und stolz von ihr sprechen; und wir haben verstanden, dass es ein Privileg war, sie zu haben, selbst für diese kurzen dreizehn Monate.

Gemeinsame Freuden zu haben, ist der Traum von Mann und Frau. Wir hatten angenommen, dass Liebe auf gegenseitigem *Glück* beruhte . Und Mutter und ich waren glücklich zusammen gewesen; Wir gingen Arm in Arm unter blauem Himmel und wussten, wie viel wir einander bedeuteten. Aber wie sehr wir einander *brauchten, wusste keiner von uns wirklich – bis wir ein gemeinsames Leid teilen mussten.*

Partner einer heiligen Erinnerung zu sein, ist eine göttliche Bindung. Partner auf einem kleinen Hügel zu sein, in einem der stillen Gärten Gottes, ist die engste Beziehung, die Mann und Frau auf dieser Erde kennen können. Unser Leben war vorher glücklich gewesen; nun waren sie schön gemacht.

So war es auch mit dem Haus. Es begann uns mehr zu bedeuten, je mehr wir einander mehr bedeuteten. Das Schlafzimmer, in dem unser Baby eingeschlafen ist, schien verherrlicht zu sein. Natürlich gab es die einsamen Tage, Wochen und Monate, in denen alles, was wir berührten oder sahen, die Erinnerung an sie wachrief. An manchen Abenden kam ich nach Hause und fand auf Mutters Gesicht Spuren von Tränen; und ich wusste, dass sie den Kummer des Ganzen allein überstanden hatte.

Ich habe gelernt, wie viel mutiger die Frau sein muss als der Mann. Ich konnte in die Stadt gehen, wo die gute Laune ansteckend war; und wo meine Arbeit meine Gedanken absorbierte und dabei half, meine Trauer auszublenden. Aber nicht so bei Mutter! Sie muss Tag für Tag und Stunde für Stunde inmitten der Schauplätze ihrer Qual leben. Egal wohin sie sich wandte, irgendetwas erinnerte sie an die Freude, die wir gekannt und verloren hatten. Sogar die schlagende Uhr erinnerte sie an die Stunde, zu der etwas für das Baby hätte getan werden sollen.

„Ich *muss* noch ein kleines Mädchen haben", schluchzte sie Nacht für Nacht. „Ich *muss* noch ein kleines Mädchen haben!"

Und wieder einmal war der Ausweg geebnet. Wir hörten von einem kleinen Mädchen, das zur Adoption freigegeben werden sollte; Sie hatte gute, aber unglückliche Eltern. Wir schlugen vor, sie zu adoptieren.

Ich habe viele Argumente gegen die Adoption von Kindern gehört, aber noch nie ein gutes. Sogar das zum Sterben verurteilte Kind könnte das Leben eines kinderlosen Paares, wenn auch nur für ein paar Wochen, bereichern, und sie wären für den Rest ihrer Tage glücklicher in dem Wissen, dass sie versucht hatten, etwas Wertvolles auf dieser Welt zu tun, und dies auch getan haben machte das kurze Leben eines Kleinen angenehm.

„Was wäre, wenn sich das Kind als falsch erweisen sollte?“ Ich höre oft aus dem Mund von Männern und Frauen.

„Was ist damit?“ Ich antworte. „Man kann sich zumindest darüber freuen, dass man versucht hat, etwas für einen anderen zu tun.“

Allen kinderlosen Paaren auf der ganzen Welt würde ich mit aller Kraft sagen: Adoptiert *ein Baby*! Wenn Sie das Haus, das Sie bauen, herrlich machen würden; wenn du seine Räume mit Lachen und Zufriedenheit füllen würdest; Wenn Sie Ihr Haus zu mehr als einem Ort zum Essen und Schlafen machen würden; Wenn Sie es mit schönen Erinnerungen füllen und eine engere und perfektere Verbindung eingehen möchten, adoptieren Sie ein Baby! Dann, in ein oder zwei Jahren, adoptieren Sie ein anderes. Wer Geld für ein kleines Kind ausgibt, investiert es für einen echten Zweck; und die Dividenden, die es in Stolz, Glück und Zufriedenheit auszahlt, sind unberechenbar.

Marjorie kam zu uns, als sie drei Jahre alt war. Sie sprudelte vor Heiterkeit und Lachen und linderte den Schmerz in unseren Herzen. Sie füllte die kleinen Nischen und Ecken unseres Lebens mit ihrer Süße und wurde nicht nur unserem Namen nach, sondern auch in der Liebe und ihren Realitäten zu uns.

Es gab diejenigen, die meinten, wir seien zu jung, um ein Kind zu adoptieren. Sie sagten uns, dass die anderen Kinder mit der Zeit zweifellos zu uns geschickt würden. Ich habe hier weder den Raum noch die Neigung, die imaginären Schwierigkeiten aufzuzählen, die uns als Möglichkeiten der Adoption dargelegt werden.

Aber Mutter und ich haben eines Abends darüber gesprochen. Und wir entschieden, dass wir Marjorie brauchten, und Marjorie brauchte uns. Was die finanzielle Seite der Frage anging, lächelte ich.

„Ich habe noch nie gehört, dass jemand ins Armenhaus geht oder in die Insolvenz geht“, sagte ich, „wegen des Geldes, das für ein Kind ausgegeben wird. Ich glaube, ich kann die Rechnungen bezahlen.“

Damit war die Sache erledigt. Als ich am nächsten Abend nach Hause kam, ertönte der Ruf „Hallo, Papa!“ die Treppe hinunter, die zu unserer Wohnung führte. von einem der süßesten kleinen Gesichter, die ich je gesehen habe. Und von diesem Tag an, bis Gott sie mehr brauchte und sie nach Hause rief, begrüßte mich dieses „Hallo, Papa" und machte jede Sorge lohnenswert .

Das kleine Haus hatte wieder an Schönheit gewonnen. Diese erste Einkaufstour für Marjorie ist eine Epoche in unserem Leben. Ich habe nicht das richtige Geschlecht, um es zu beschreiben. Marjorie kam nur mit der Kleidung zu uns, die eine arme Mutter bieten konnte. Sie musste von Kopf bis Fuß neu ausgestattet werden, und das war sie auch. Als sie mich am nächsten Abend begrüßte, war sie stolze Besitzerin von mehr schönen Dingen, als sie jemals zuvor gekannt hatte. Aber so schön das kleine Gesicht mir damals erschien, noch schöner war der Ausdruck in Mutters Gesicht. In ihren Augen war ein Ausdruck des Glücks aufgetaucht, der seit vielen Monaten verschwunden war. Damals habe ich gelernt, und ich sage es heute als positive Tatsache, dass das größte Glück einer Frau darin liegt, ein kleines Mädchen anzuziehen. Mütter mögen vielleicht hübsche Kleidung für sich; aber einem kleinen Mädchen hübsche Dinge anzuziehen, ist ein unendlich größeres Vergnügen. Mehr als einmal ging Mutter in die Stadt, um etwas für sich selbst zu holen – nur um ohne es, aber mit etwas für Marjorie zurückzukommen!

Wir haben uns gleich zu Beginn geschworen, Marjorie zu unserer eigenen zu machen; nicht nur für uns selbst, sondern auch für andere. Unsere Freunde wurden gebeten, in ihrer Gegenwart niemals darauf hinzuweisen, dass sie adoptiert wurde. Soweit es uns betraf, wurde es aus unseren Gedanken verdrängt. Sie war drei Jahre alt, als sie bei uns geboren wurde, und von da an waren wir ihr Vater und ihre Mutter. Für viele, die sie kannten und liebten, wird dieser Artikel die erste Ahnung sein, dass Marjorie nicht unser eigenes Fleisch und Blut war. Es war ihr Stolz und ihre Prahlerei, dass sie wie ihre Mutter war, aber die Augen ihres Vaters hatte. Sowohl ihre Mutter als auch ich haben hunderte Male gelächelt, als die Leute, die sie zum ersten Mal trafen, sagten: „Jeder würde wissen, dass sie zu dir gehört. Sie sieht genauso aus wie du!"

Marjorie hat unsere Lebensweise verändert. Eine Wohnung im zweiten Stock, so komfortabel sie auch war, war kein guter Ort, um ein kleines Mädchen großzuziehen. Wir brauchten mehr denn je ein eigenes Zuhause. Aber brauchen und bereitstellen sind zwei verschiedene Aussagen. Wir brauchten einen Hinterhof; aber

Hinterhöfe sind teuer; Und obwohl Journalisten gute Ehemänner sein mögen, verdienen sie selten „gutes Geld".

Eines Abends verkündete mir Mutter, dass sie das Haus gesehen hatte, das wir haben sollten. Es war gerade fertiggestellt worden, hatte alles, was ihr Herz begehrt hatte, und konnte für 4200 Dollar gekauft werden. Der Preis war nur 4200 Dollar höher als ich hatte!

Alles, was ich hatte, war der Wunsch, ein Eigenheim zu besitzen. Aber vier Jahre unseres Ehelebens waren vergangen, und ich war der ersten Zahlung für ein Haus nicht näher als zu Beginn unserer Ehe. Ich habe jedoch nachgeforscht und herausgefunden, dass ich dieses spezielle Haus bekommen könnte, wenn ich fünfhundert Dollar Anzahlung zahle und mich bereit erkläre, für den Restbetrag fünfunddreißig Dollar pro Monat zu bezahlen. Ich konnte fünfunddreißig pro Monat zahlen, aber die fünfhundert waren eine hohe Hürde.

Dann machte ich meinen ersten klugen Geschäftsschritt. Ich ging zu Julius Haass , dem Präsidenten der Wayne County and Home Savings Bank, der immer mein Freund gewesen war, und erklärte ihm meine Schwierigkeiten. Er lieh mir die fünfhundert Dollar für die erste Rate – ich musste jeden Monat fünfundzwanzig Dollar zurückzahlen – und das Haus gehörte uns.

Wir waren über Nacht Landbesitzer geworden. Mein Einkommen war natürlich gestiegen; aber das galt auch für meine Verbindlichkeiten. Die ersten Jahre dieses neuen Hauses haben unseren Einfallsreichtum mehr als einmal auf die Probe gestellt. Wir gaben ab und zu nicht Geld aus, das wir hatten, sondern Geld, das wir *bekommen würden* ; aber es war ein erkauftes Glück. Wenn jemals ein Paar auf dieser Welt wahres Glück gefunden hat, dann haben wir es unter dem Dach dieses Hauses in Leicester Court gefunden.

Dort wurde uns fast alles geboren, was Freude, Frieden und Zufriedenheit in unser Leben gebracht hat. Von da an begann ich Fortschritte zu machen; dort fanden mich meine Verleger; und dort wurde uns der kleine Bud geboren. Wir sind jetzt raus. Wir haben es aus einem wichtigen Grund verlassen; aber wir fahren oft daran vorbei, nur um es zu sehen; denn es gehört immer noch uns in der kostbaren Erinnerung an die Jahre, die wir in seinen Mauern verbracht haben.

Dennoch war es am Anfang nur ein Haus! Es hatte keine Assoziationen und keine Geschichte. Es war zum Verkauf gebaut worden. Die Leute, die den Bau finanzierten, sahen in den wachsenden Mauern und dem Dachbaum nur die paar hundert Dollar, die sie zu gewinnen hofften. Es blieb uns überlassen, dieses *Haus* in ein *Zuhause* umzuwandeln . Ich weiß, es klingt predigend, wenn man sagt, dass die wahre Schönheit aller Gebäude vom Geist der Menschen abhängt, die sie bewohnen. Aber es ist wahr.

Als die Wochen und Monate vergingen, begann das neue Haus unter Mutters sanften Berührungen weicher und sanfter zu werden. Das Wohnzimmer wirkte behaglich; meine Bücher hatten jetzt eine richtige Ecke für sich; das Gästezimmer – oder vielmehr das kleine Gästezimmer – hatte bereits seine vorübergehenden Bewohner beherbergt; Und als unsere Freunde kamen und gingen, fingen die Wände etwas von ihnen allen ein, um uns an ihre Anwesenheit zu erinnern.

Ich fing an, im Garten zu arbeiten. Das Gelände war klein, aber groß genug, um mir die Freude einer innigen Freundschaft mit wachsenden Dingen beizubringen. Heute habe ich in meinem etwas größeren Garten mehr als einhundertfünfzig Rosensträucher und zwanzig oder dreißig Pfingstrosenbüschel, und ich kenne ihre Namen und Gewohnheiten. Der Garten ist zu einem Teil des Hauses geworden. Es ist noch nicht der Garten, von dem ich träume, noch nicht einmal der Garten, von dem ich denke, dass er nächstes Jahr sein wird; aber es ist der Ort, an dem das Spiel den Boden mit Schönheit teilt. Was Bud nicht für einen Baseball-Diamanten benötigt, besitzen die Rosen.

Eines frühen Morgens im Juli kam Bud zu uns. Sofort wurde der Charakter dieses vorderen Schlafzimmers verändert. Es war nicht mehr nur „unser Schlafzimmer"; es war „das Zimmer, in dem Bud geboren wurde". Von allen Räumen in allen Häusern auf der ganzen Welt gibt es keinen, der in der Erinnerung von Mann und Frau so herrlich in Erinnerung bleibt wie der, in dem ihre Kinder geboren wurden.

Mir sind viele schöne Dinge widerfahren: Freunde haben mich hoch auf freundlichen Schultern getragen; Aus tiefstem Herzen haben sie mir Ehrungen zuteil werden lassen, die ich nicht verdient habe; Ich bin mehr als einmal stolz nach Hause gekommen, weil ich eine neue Freude hatte oder eine Aufgabe erfüllt hatte; Aber ich habe noch nie einen solchen Glücksgefühlsausbruch erlebt und werde ihn auch nie erleben, wie der, der auf die kurze Ankündigung des guten alten Doktor Gordon folgte: „Es ist ein Junge!"

"Es ist ein Junge!" Den ganzen Tag und am nächsten habe ich es Freunden und Fremden regelrecht zugerufen. Zu Marjories Sanftheit und der strahlenden Lieblichkeit des kleinen Babys, das uns für so kurze Zeit gehörte, kam die Stärke und Schalkheit eines Jungen hinzu.

In den nächsten fünf Jahren veränderten die Wände unseres Hauses ihren Charakter. Es zeigten sich Finger- und Hammerspuren. Als Bud das Stadium erreicht hatte, in dem er laufen konnte, folgte ihm Unheil. Einmal zog er an einer Tischdecke und die offene Tintenflasche fiel auf den Teppich. Da war ein großer Tintenklecks, der für alle, die das Wohnzimmer betraten, für immer sichtbar war! Doch selbst dieser schwarze Fleck wurde mit der Zeit ein Teil von uns. Wir rühmten uns sogar damit. Wir haben neue Bekannte darauf hingewiesen, dass Bud die Tinte verschüttet hat. Es war ein Beweis für seine Gesundheit und seine natürlichen Neigungen. Es bewies der ganzen Welt, dass wir in Bud einen echten Jungen hatten; ein ehrlicher Junge, der Tinte verschütten konnte – und das auch *tun würde* , wenn man ihn nicht genau im Auge behielte.

Dann kam die Spielzeugperiode unserer Entwicklung. Das einst aufgeräumte Haus wurde zu einem Ort, den Engel im Dunkeln nicht betreten hätten. Überall waren Bausteine und Züge aus Autos, Feuerwehrautos und einem Schaukelpferd, um den Unvorsichtigen ein Bein zu stellen. Mutter schimpfte manchmal darüber; und ich fürchte, ich habe selbst harte Dinge gemurmelt, als ich spät in der Nacht das Haus betrat, nur um gegen die Blechwände eines Schnellzugwagens zu stolpern.

Aber ich habe erkannt, dass Spielzeug in einem Haus der wahre Schmuck ist. Es gibt keinen schöneren Anblick hinter der Eingangstür eines Herrenschlosses als die verstreuten und ungeordneten Beweise dafür, dass dort Kinder leben. Ohne sie wirkt das Haus unmöbliert.

Dieses Chaos herrscht noch heute in unserem Haus. Mutter sagt, ich ermutige es. Vielleicht tue ich das. Ich weiß, dass ich den kommenden Tag fürchte, an dem das Haus ordentlich und ordentlich und still und präzise sein wird. Mehr noch, ich lebe voller Angst vor dem Tag, an dem ich mich zu einer Mahlzeit hinsetzen muss und nicht einen bestimmten kleinen Kerl vom Tisch wegschicken muss, um sich die

Hände zu waschen. Das ist zu einem Teil des Zeremoniells meines Lebens geworden. Wenn der Abend kommt, an dem er sauber und makellos zum Abendessen erscheint, sein Hemd richtig zugeknöpft und sein Haar schön gebürstet, wird Mutter vielleicht stolz auf ihn sein; aber was mich betrifft, ich werde einen Kloß im Hals haben — denn ich werde wissen, dass er erwachsen geworden ist.

Finanziell kamen wir voran. Wir hatten etwas mehr „zu tun", wie Mutter es ausdrückte; aber Kummer, Kummer und Angst waren mit uns noch nicht vorbei.

Wir sollten nicht hundertprozentig glücklich sein. Niemand ist es jemals. Marjorie litt an Typhus, und vierzehn Wochen lang führten wir diesen Kampf; sah, wie sie fast in die Arme des Todes sank; und beobachtete Tag für Tag ihren blassen und abgemagerten Körper, bis schließlich das Fieber nachließ und sie uns verschont blieb.

Ein weiteres Schlafzimmer bekam für uns beide eine neue Bedeutung. Wir kannten es, wie es in den dunklen Nachtstunden war; Wir sahen, wie die Morgensonne durch die Fenster brach. Es war das erste Zimmer, das ich morgens besuchte, und das letzte, das ich jeden Abend besuchte. Als ich nach Hause kam, blieb ich weder im Flur noch im Wohnzimmer stehen, sondern eilte direkt auf sie zu. Damals gab es in diesem Haus nur noch Marjories Zimmer! Wir haben unser Leben darin gelebt. Und nach und nach kamen ihre Kräfte zurück und wir waren wieder glücklich.

Aber nur für kurze Zeit ... Früh im folgenden Sommer wurde ich von Doktor Johnson nach Hause gerufen. Als ich dort ankam, traf er mich an der Haustür und lächelte, als wollte er mich beruhigen.

„Du und Bud, ihr werdet rauskommen", sagte er. „Marjorie hat Scharlach."

Bud war bereits zu seiner Tante Florence geschickt worden. Ich sollte die Kleidung zusammensuchen, die ich für sechs Wochen brauchen würde, und abreisen.

Wenn ich dieses Haus schon früher gemocht hatte, so wurde es mit der Zeit immer liebgewonnener für mich. Ich glaube, ich wusste nie, wie sehr ich es wertschätzte, bis ich davon ausgeschlossen wurde. Ich konnte Mutter und Marjorie durch das Fenster sehen, durfte aber nicht eintreten. Und ich sehnte mich nach einem Anblick der Wände mit ihren Fingerabdrücken und nach dem Tintenfleck auf dem Teppich. Wir waren sechs Jahre lang am Bau dieses Hauses beteiligt. Irgendwie war ein Teil von uns in jeden Winkel und jede Ecke eingewoben.

Aber Marjorie ging es nicht gut. Ihre Wangen waren blass und leicht gerötet. Die Entfernung der Mandeln hat nicht geholfen. Es folgte ein Besuch bei meinem Zahnarzt. Vielleicht verbreitete ein Zahn Gift in ihrem Körper. Er sah sie an und führte mich nach ein paar Minuten alleine in sein Privatbüro.

„Es tut mir leid, Eddie", sagte er. „Ich fürchte, es sind keine Zähne. Du hast einen langen, harten Kampf vor dir – wenn es das ist, was ich denke."

Tuberkulose war in unser Haus eingedrungen. Es war durch Typhus und Scharlach entstanden. Der Spezialist bestätigte Doktor Oakmans Verdacht und unser Kampf begann. Das kleine Zuhause konnte uns nicht länger dienen. Es war nicht der Ort für einen solchen Kampf ums Leben, wie wir ihn führen sollten. Marjorie muss eine weit offene Veranda zum Schlafen haben; und das fehlte dem Haus, und es konnte auch nicht darauf gebaut werden.

Und so fanden wir unser jetziges Zuhause. Es stand zu einem Preis zum Verkauf, von dem ich dachte, dass ich ihn damals nie zahlen könnte. Wir könnten es bekommen, indem wir eine Anzahlung von 7500 Dollar leisten und den Restbetrag durch eine Hypothek abdecken. Aber ich hatte weder so viel, noch besaß ich auch nur für einen kleinen Bruchteil Wertpapiere.

Aber ich hatte einen Freund: einen reichen, aber großzügigen Freund! Ich sagte ihm, was ich wollte; und er schien mehr über meine Last zu trauern als über meine Bitte besorgt zu sein. Er sprach nur von Marjorie und ihren Chancen; Er legte seinen Arm um meine Schultern und ich wusste, dass er bei mir war.

"Was brauchen Sie?" er hat gefragt.

„7500 Dollar in bar."

Er lächelte.

„Lassen Sie die Zusammenfassung der Immobilie von einem Anwalt prüfen, und wenn alles in Ordnung ist, kommen Sie zu mir zurück."

In zwei Tagen war ich zurück. Der Titel des Hauses war klar. Er lächelte erneut und reichte mir seinen Scheck über den Betrag, ohne dass zwischen uns ein Kratzer auf dem Papier zu sehen war.

Ich habe ihm so etwas vorgeschlagen.

„Das Wichtigste ist, das Haus zu bekommen", sagte er. „Wenn das erledigt ist und Sie die Kaufurkunde und alle Papiere in Ordnung gebracht haben, kommen Sie zurück und wir regeln unsere kleine Angelegenheit." Und so wurde es gemacht.

Also zogen wir in unser jetziges Zuhause. Wir hatten eine größere, bessere und teurere Wohnung. Wir kletterten nach oben. Aber wir fingen auch wieder einmal mit einem Haus an. Nur ein Haus – aber mit einem mächtigen Zweck gegründet! Es sollte für uns ein Zuhause werden, noch mehr geliebt als das, das wir verließen.

Vier Jahre lang ist es in unserer Zuneigung gewachsen. Die Hoffnung war unsere. Wir haben gelebt und gelacht und gesungen und sind weitergekommen ... Aber wir haben auch geweint und getrauert.

Zweimal hatte der Arzt gesagt, wir sollten siegen. Dann kam im letzten Frühling das Ende der Hoffnung. Woche für Woche sah Marjorie, wie die Sonnenstrahlen durch die Fenster ihrer offenen Veranda fielen; In der Nähe baute ein Rotkehlchenpaar sein Nest; sie beobachtete sie und kannte sie und gab ihnen Namen. Wir haben gemeinsam großartige Dinge geplant und großartige Reisen, die wir unternehmen sollten. Dass sie nicht sein sollten, wusste sie nie ... Und dann schlief sie ein ...

Ihr kleines Leben hatte seine Mission erfüllt. Sie hatte Freude, Schönheit und Glauben in unsere Herzen gebracht; sie hatte uns in unseren Stunden der Einsamkeit und Verzweiflung getröstet; Sie war die kleine, fröhliche Erbauerin unseres Hauses gewesen – und vielleicht brauchte Gott sie.

Sie schlief drei Tage lang weiter, nur dass ihre Veranda für diese drei Tage eine Rosenlaube war. Am Memorial Day standen Mutter und ich noch einmal zusammen neben einem kleinen Hügel, wohin Gott uns geführt hatte. Am späten Nachmittag kehrten wir zu dem Haus zurück, zu dem Marjorie uns gebracht hatte. Durch sie war die Schönheit, die uns gehörte, noch schöner geworden.

Das Haus ist noch nicht fertig. Wir träumen immer noch davon, was es sein wird. Wir würden dies und das ändern. Aber es liegt schließlich nicht in unserer Macht zu sagen, wie das Zuhause aussehen soll. Wir hoffen, gemeinsam voranzukommen, es aufzubauen, zu verändern und zu verbessern. Morgen wird man etwas sehen, was gestern noch nicht da war. Aber trotz Sonne und Schatten, durch Prüfungen und durch Tage der Ruhe und des Friedens hoffen wir, dass noch etwas von unserem Besten übrig bleibt. Was auch immer passiert, wir hoffen, dass das, was für viele „nur ein Haus" ist, für uns das Haus sein wird, das wir in den letzten fünfzehn Jahren gebaut haben.

HEIM

Von Edgar A. Guest

Es braucht einen Haufen Leben in einem Haus, um es nach Hause
zu schaffen,
einen Haufen Sonne und Schatten , und manchmal muss man
umherwandern, bevor man
die Dinge, die man zurückgelassen hat , wirklich schätzen kann ,
und Hunger verspüren Irgendwie mit ihnen _ Anspielung auf dich .
Es macht keinen Unterschied , wie reich du wirst,
wie viel deine Stühle und Tische kosten, wie groß dein Luxus ist;
Es ist nicht dein Zuhause, auch wenn es der Palast eines Königs ist,
bis deine Seele sich irgendwie um alles gewickelt hat.

Ein Zuhause ist kein Ort, den man mit Gold kaufen oder in einer
Minute wieder aufwerten kann;
Bevor es zu Hause ist, muss es noch einen Haufen Leben darin
geben;
Innerhalb der Mauern müssen ein paar Babys geboren werden, und
genau
dort musst du sie zu guten Frauen und Männern erziehen.
Und mit der Zeit stellst du fest, dass du dich nicht mehr von allem
trennen würdest, was sie jemals benutzt haben – sie sind
dir ans Herz gewachsen :
Die alten Hochstühle, auch die Spielsachen, die kleinen Schuhe, die
du getragen hast

. Und wenn du könntest, würdest du die Daumenabdrücke an der
Tür behalten. Du musst weinen, um nach Hause zu kommen, du
musst sitzen und seufzen und neben dem Bett eines geliebten
Menschen wachen und das wissen Der Tod ist nahe, und in der Stille
der Nacht werde ich den Engel des Todes kommen sehen, und die
Augen derer schließen, die gelächelt haben, und ihre süße Stimme
stumm lassen. Denn das sind Szenen, die das Herz ergreifen, und
Wenn deine Tränen getrocknet sind,
stellst du fest, dass das Zuhause teurer ist als es war, und geheiligt;
und dich ziehen immer die angenehmen Erinnerungen an
sie, die war und nicht mehr ist – du kannst ihnen nicht entkommen.

Du musst jahrelang singen und tanzen, du musst toben und spielen
und lernen, die Dinge zu lieben, die du hast, indem du sie jeden Tag
benutzt
. Sogar die Rosen rund um die Veranda müssen Jahr für Jahr blühen,
bevor sie ein Teil von euch werden und auf jemanden
hinweisen , der sie liebt , der sie vor langer Zeit geliebt und erzogen
hat jes ' t' run So wie sie es tun, damit sie die frühe
Morgensonne bekommen ;
Ihr müsst jeden Ziegelstein und jeden Stein vom Keller bis zur
Kuppel lieben:
Es braucht einen Haufen Leben in einem Haus, um es zu einem
Zuhause zu machen.

[*Aus „A Heap o' Livin '"*]